UN HOMME UTILE

M. HIPPOLYTE DE SAINT-URBAIN

MAIRE DE SAINT-LAURENT-D'OLT,

MEMBRE DU CONSEIL GÉNÉRAL DE L'AVEYRON

PAR

ÉMILE LABAUME

Conserver la Couverture

ANGERS

IMPRIMERIE LACHÈSE ET DOLBEAU

13, rue Chaussée Saint-Pierre, 13.

1880

UN HOMME UTILE

UN HOMME UTILE

M. HIPPOLYTE DE SAINT-URBAIN

MAIRE DE SAINT-LAURENT-D'OLT,
MEMBRE DU CONSEIL GÉNÉRAL DE L'AVEYRON

PAR

ÉMILE LABAUME

ANGERS

IMPRIMERIE LACHESE ET DOLBEAU

13, rue Chaussée Saint-Pierre, 13.

1880

UN HOMME UTILE

M. HIPPOLYTE DE SAINT-URBAIN

Les morts vont vite, les morts vont bien, dit une ballade allemande. Ces tristes paroles se sont naturellement présentées à notre esprit, en apprenant la nouvelle perte que vient de faire en la personne d'un de ses membres les plus sympathiques une des familles les plus honorables et les plus justement populaires du Rouergue.

S'il en est une, en effet, qui soit durement éprouvée, c'est assurément celle-là ; on la dirait vouée à un deuil perpétuel. Une tombe est à peine fermée qu'une autre se creuse ; au glas funèbre de l'anniversaire se mêle le glas plus funèbre encore des funérailles. Hier, le brave commandant Louis de Bancarel disparaissait enlevé à la force de l'âge, et la mère survivait à peine quelques jours au brillant officier dont M. Eugène de Valady nous a raconté la vie si simplement héroïque. Un nouveau coup est aujourd'hui porté à des âmes d'autant plus à plaindre qu'elles ont été plus souvent frappées : M. Hippolyte VIDAL DE SAINT-URBAIN, maire de Saint-Laurent-d'Olt, et membre du Conseil général de l'Aveyron pour le canton de Campagnac, est décédé à Rodez le 26 septembre dernier (1880), à l'âge de soixante-cinq ans.

Qu'il nous soit permis au nom de ses administrés, au nom de ses électeurs et de ses amis, de rendre un faible hommage à cet homme de cœur, dont l'unique préoccupation a été de faire le bien.

M. Hippolyte de Saint–Urbain est né à Saint-Laurent-d'Olt, au cours de l'année mil huit cent-quinze. Sa mère appartenait à cette famille des de Bancarel qui jouit à juste titre d'une si haute considération dans la ville de Rodez ; son père (1) était l'un des maîtres les plus distingués de la Faculté de médecine de Montpellier, la première du monde à cette époque. Nous ne dirons qu'un

(1) Notre savant botaniste, M. le docteur A. Bras, nous a tracé sa biographie dans la préface de la *Flore départementale de l'Aveyron.*

seul mot de lui. A l'âge de quarante ans, au moment où sa réputation était le plus fortement établie, il quitta sa chaire de professeur pour se fixer définitivement dans son pays natal. La ville de Montpellier eut voulu le retenir avec une chaîne d'or, il aima mieux se donner au village de Saint-Laurent-d'Olt. Il y vécut de longues années, travaillant sans cesse et prodiguant gratuitement aux laboureurs des environs des soins habiles que de riches malades leur enviaient.

Cette prédilection pour nos collines ombragées et pour nos montagnes couvertes de chênes et de pins, cet amour si agissant et si désintéressé de l'humanité, M. de Saint-Urbain s'efforça de les graver dans le cœur de ses enfants. On verra tout à l'heure combien il y réussit.

Le moment arriva où le fils dût quitter le foyer pour aller recevoir les bienfaits de l'instruction. M. Hippolyte de Saint-Urbain entra au collége de Rodez où il eut pour condisciples Louis Blanc, Charles Blanc, Ad. Boisse, Jules Rozier, Auguste Creissels, etc., et plusieurs autres jeunes gens d'élite qui sont parvenus depuis par des voies différentes à différents degrés de célébrité. Qu'on nous permette ici quelques réflexions. Aujourd'hui comme alors il se donne dans le Lycée de notre ville un enseignement solide et substantiel, et les maîtres actuels s'y appliquent non moins que leurs prédécesseurs à former l'intelligence et le cœur de leurs élèves. Eh bien, les mêmes soins n'ont plus la même efficacité; le même arbre porte encore d'excellents fruits, mais il n'en produit ni d'aussi bons ni en aussi grand nombre. Pourquoi la génération qui nous a précédés sur les bancs de ce cher établissement universitaire nous est-elle à ce point supérieure ? D'où provient cette stérilité relative ? On ne peut l'attribuer au personnel enseignant, il est plus méritant que l'ancien. Serait-ce la faute aux programmes ? Je ne le pense pas. La vraie cause nous paraît être toute psychologique. Nous manquons de cet ardent amour du travail, de cet énergique persévérance, de toutes ces qualités viriles que nos devanciers possédaient à un si haut degré, qualités qui les distinguent encore dans les belles situations qu'ils sont parvenus à se créer. Quoiqu'il en soit, il est certain que, depuis le moment où le futur auteur de l'*Histoire de la Révolution de dix ans* y acquérait par l'étude approfondie de Tacite ce style mâle et concis que nous admirons, il est certain, dis-je, que l'enceinte du Lycée de Rodez n'a jamais renfermé simultanément d'aussi nombreux et d'aussi beaux talents. Ouvrez un palmarès de l'époque, et vous serez surpris de voir que les inscrits sont tous devenus ou des hommes illustres ou des hommes utiles. Personne à placer dans la catégorie de ces nullités encombrantes et tapageuses dont le nombre va malheureusement grossissant tous les jours. M. de Saint-Urbain figure avec honneur parmi les hommes utiles.

Se rendre utile, tel est le but qu'il se proposa dès son entrée dans la vie sérieuse. L'exemple paternel contribua sans doute beaucoup à lui faire prendre cette résolution demeurée depuis la règle invariable de sa conduite. Le jeune Hippolyte de Saint-Urbain avait été frappé des nombreux témoignages d'estime et de vénération dont la population reconnaissante ne cessait d'entourer la verte et généreuse vieillesse de l'auteur de ses jours. Ce spectacle touchant lui suggéra de graves et profondes réflexions. S'en irait-il dans le tumulte des grandes villes courir après une vaine renommée? N'agirait-il pas plus sagement, au contraire, en marchant sur les traces de son père, et la satisfaction qu'il en ressentirait ne serait-elle pas plus douce et plus durable? Ces questions, qui ont dans la vie de l'homme une importance capitale, M. de Saint-Urbain se les posa et il les résolut avec ce rare bon sens qui l'a toujours caractérisé. D'autres à sa place se seraient laissé séduire par ce fantôme de la gloire que tout élève de rhétorique a plus ou moins rêvé ; porteur d'un nom avantageusement connu dans la science, comblé des dons de la fortune, il avait, sous la direction de notre compatriote Cabantous, fait de solides études de droit à la Faculté de Toulouse, et ses débuts comme avocat à la Cour d'Appel de Montpellier avaient été des plus heureux ; il pouvait légitimement espérer de briller un jour dans une position élevée. Il préféra se consacrer tout entier au service de ses compatriotes.

Rentré parmi eux à l'âge de vingt-trois ans, M. de Saint-Urbain y choisissait quelque temps après pour compagne une de ses cousines, Mlle Élise de Bancarel, devenue depuis si chère aux malheureux dont elle a été la providence. A partir de ce moment, faire le bien, le faire sous toutes les formes, a été sa seule occupation ; goûter le plaisir de l'avoir fait a été son unique, sa grande récompense. En effet, et nous sommes heureux de le constater à l'honneur de nos populations rurales, elles se sont toujours efforcées d'égaler leur reconnaissance au dévouement de leur bienfaiteur : elles l'ont constamment acclamé de leurs libres et unanimes suffrages.

D'abord élu conseiller municipal, M. de Saint-Urbain ne tarda pas à devenir maire de la commune de Saint-Laurent-d'Olt. Sous son administration non moins sage qu'éclairée, la localité s'est transformée comme par une sorte d'enchantement et a pris une importance de jour en jour plus considérable. Quand on compare la petite ville qu'il nous laisse au village dont il a pris la direction, on est étonné des améliorations qu'il a introduites, des nombreuses créations qu'il a faites. Si, pittoresquement bâti sur une colline que la rivière du Lot entoure de ses eaux poissonneuses, Saint-Laurent-d'Olt présente au voyageur surpris une longue suite de belles maisons blanches qui rient au cœur, si les rues jadis boueuses sont maintenant propres et régulièrement pavées, si des routes nouvelles déroulent leur blanc tracé sur les flancs des coteaux chargés de pampres et de fruits, si les enfants s'instruisent dans une vaste maison d'école, si les habitants possèdent un bureau de poste et jouissent du bienfait d'un télégraphe; si, enfin, non loin de ce gigantesque viaduc que les ingénieurs des nations voisines sont venus successivement admirer, une gare spacieuse sort de ses fondements, eh bien, c'est en grande partie à lui, c'est à son initiative que nous devons ces avantages.

Embellir Saint-Laurent, développer sa prospérité, tel a été le but qu'il n'a cessé de poursuivre.

Toutefois, M. de Saint-Urbain ne borna point son rôle aux seuls intérêts matériels ; il entendait sa mission d'une manière plus élevée. Rendre les habitants plus riches ne lui suffisait pas : il s'appliqua surtout à les rendre meilleurs. Sous ce rapport, les services qu'il leur a rendus sont immenses. Sa grande arme, celle qu'il employait de préférence et toujours avec un succès égal, c'était la persuasion. Lui portait-on une plainte contre un de ses administrés ? Vite, il mandait le délinquant et, dans un langage à la fois bienveillant et sévère, il lui reprochait sa mauvaise action et lui en faisait ressortir vivement le caractère odieux. Le coupable se repentait, promettait de s'amender et retombait rarement. Une des maximes favorites de M. de Saint-Urbain était qu'il fallait prévenir le mal pour n'avoir pas ensuite la douleur de le réprimer.

Les solides et généreuses qualités de M. de Saint-Urbain le signalent à l'attention de ses concitoyens : le canton de Campagnac le choisit pour son représentant au Conseil général. Nul n'a plus consciencieusement rempli son mandat. Étranger à tout esprit de parti, il s'attachait exclusivement aux questions pratiques d'une utilité sérieuse, immédiate. Son rôle dans les Commissions était des plus actifs et des plus efficaces.

Aussi ses collègues jugeant sa collaboration très précieuse le chargeaient-ils souvent des laborieuses fonctions de rapporteur. Ennemi des discussions oiseuses, M. de Saint-Urbain prenait rarement la parole, mais, quand il parlait, son langage clair, chaleureux et concis produisait sur l'auditoire une impression décisive. Que de vœux éminemmènt utiles, aujourd'hui réalisés, n'a-t-il pas fait émettre au Conseil général de l'Aveyron ! Les communes du canton de Campagnac le savent particulièrement ; elles ne l'oublieront pas.

L'homme privé n'était pas moins dévoué que l'homme public. A chaque instant il était tout à tous. Que de services n'a-t-il pas rendus ! Que d'infortunes n'a-t-il pas soulagées dans ce beau parc de Palach qu'il affectionnait tant, et où s'élève le mausolée de sa famille ! C'est là dans le silence et la solitude que les visiteurs étaient toujours assurés de le trouver. Hélas ! ils ne le verront plus sous les grands arbres ni dans les sombres allées, mais guidés par la reconnaissance ils iront souvent s'agenouiller sur la dalle funèbre qui recouvre ses restes mortels.

Tel a été M. de Saint-Urbain. Il a passionnément aimé son pays, et sa vie tout entière il l'a employée au service de ses compatriotes.

Il vivait simplement au milieu d'eux et au sein de sa famille, suivant avec un légitime orgueil les débuts très remarqués du plus jeune de ses trois fils, M. Gabriel de Saint-Urbain, récemment entré dans la magistrature debout.

M. Hippolyte de Saint-Urbain portait depuis quelques années en lui le germe de la maladie qui vient de l'enlever. Nous nous plaisions cependant à espérer qu'il vivrait encore longtemps au milieu de nous. Mais rien n'a pu retarder le fatal dénouement, ni les prescriptions de nos célébrités médicales, ni un long séjour aux eaux de Vichy, ni les soins empressés de sa compagne dévouée. Il s'est éteint doucement à Rodez entre son épouse, ses enfants et son frère qui s'efforçaient vainement de le retenir dans la vie et M. le chanoine Lunet qui lui prodiguait les secours de son ministère. La religion et la famille, ces deux mystérieuses et fortes puissances, se sont assises à son chevet pour adoucir l'amertume de ses derniers moments. Après avoir vécu en sage, il est mort en juste.

La douloureuse nouvelle ne tardait pas à se répandre dans la ville, et le télégraphe l'apportait à Saint-Laurent-d'Olt, d'où elle se répandait dans les communes environnantes.

Le convoi funèbre, que l'élite de la Société ruthénoise suivit jusqu'à une grande distance, partit le mardi soir de Rodez et arriva le lendemain à Saint-Laurent. L'inhumation a eu lieu avec un grand concours de population qu'on peut sans exagération évaluer à plus de deux mille personnes spontanément accourues de tous les points du territoire.

Le deuil était conduit par le frère et les trois fils du défunt. Venaient ensuite les membres de la famille parmi lesquels on remarquait M. de Bancarel, conseiller général; M. Léon Baduel d'Oustrac, député; M. Paul Baduel d'Oustrac; M. de Cassan-Floyrac, curé de Saint-Louis-des-Invalides; M. Clausel de Coussergues, président du Conseil général de l'Aveyron et membre du Conseil de l'Ordre des avocats de Paris; Mgr Baduel, évêque de Saint-Flour. Au nombre de ses amis on distinguait M. Henri de Valady, ancien député; M. Mayran, sénateur et M. Azemar, député. Le Conseil municipal tout entier avait tenu à honneur d'assister aux funérailles de celui qui l'avait présidé pendant de si longues années.

M. Grivet, adjoint, a fait ressortir en quelques termes émus le noble caractère et les précieuses qualités du sage administrateur que l'on venait de perdre, et il lui a dit un dernier et touchant adieu.

Et maintenant pleurez, veuve, frère et enfants ; le malheur qui vous frappe est immense. Toutefois il vous reste un grand motif de consolation. Ne considérez pas seulement la perte que vous avez faite, considérez aussi, considérez surtout celui que vous avez perdu : sa vie tout entière il l'a employée à faire le bien. Consolez-vous donc, car si vos morts vont vite, vos morts ont bien vécu, vos morts vont bien.

ANGERS, IMPRIMERIE LACHÈSE ET DOLBEAU.

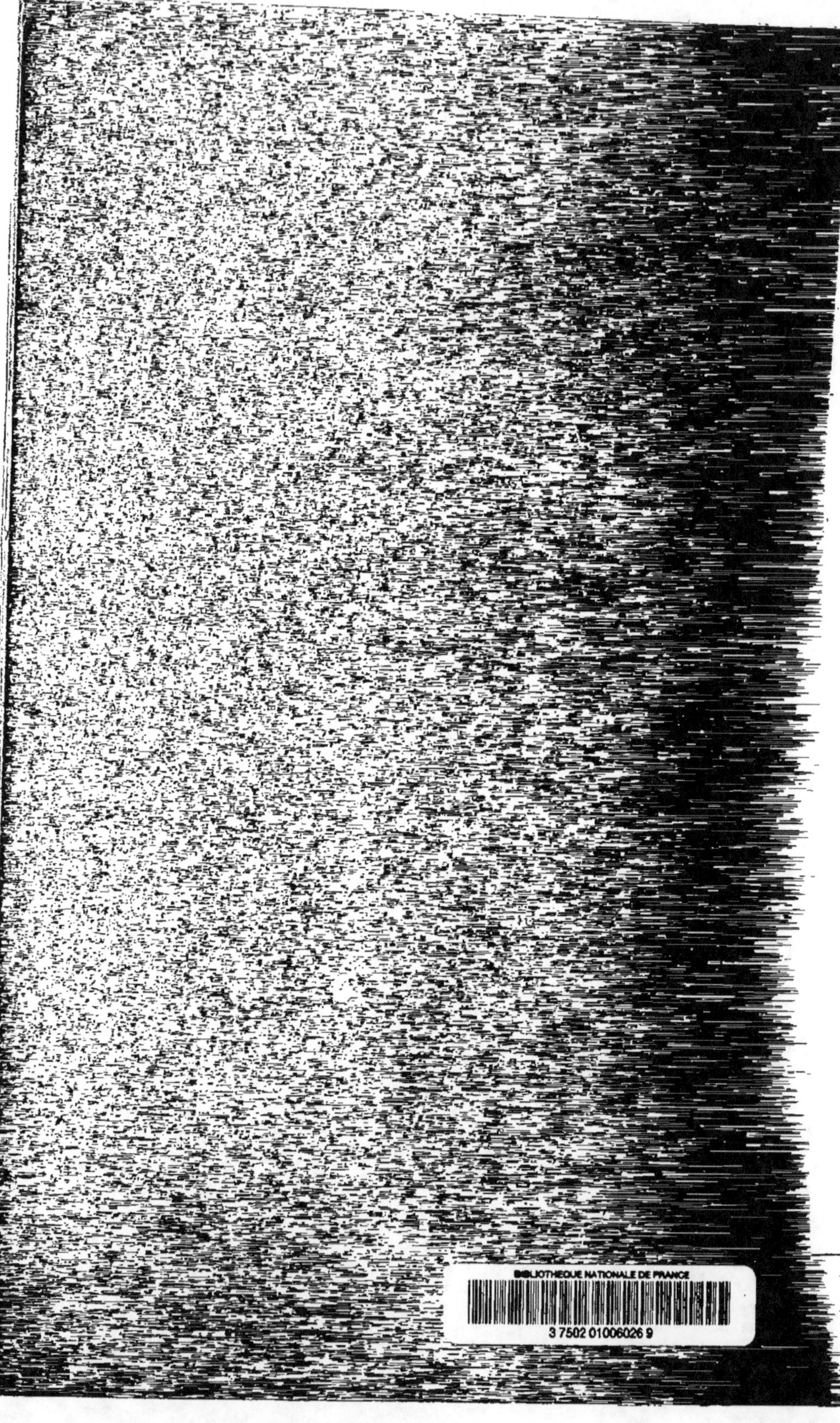